教育部哲学社会科学研究后期资助项目

校园身体锻炼活动指导方案

——运动改变生活方式

王健　许婕　马娜　王涛　王瑶　吕珈慧　周嗣恒　王璐　编著

北京体育大学出版社

策划编辑：佟　晖
责任编辑：佟　晖　潘海英
责任校对：赵红霞
版式设计：谭德毅

图书在版编目（CIP）数据

校园身体锻炼活动指导方案：运动改变生活方式 / 王健等编著. -- 北京：北京体育大学出版社, 2021.12
ISBN 978-7-5644-3367-3

Ⅰ. ①校… Ⅱ. ①王… Ⅲ. ①体育锻炼－高等学校－教学参考资料 Ⅳ. ①G806

中国版本图书馆CIP数据核字（2022）第149849号

校园身体锻炼活动指导方案
——运动改变生活方式
XIAOYUAN SHENTI DUANLIAN HUODONG ZHIDAO FANG'AN
——YUNDONG GAIBIAN SHENGHUO FANGSHI
王　健　等◎编著

出版发行：北京体育大学出版社
地　　址：北京市海淀区农大南路1号院2号楼2层办公B-212
邮　　编：100084
网　　址：http://cbs.bsu.edu.cn
发 行 部：010-62989320
邮 购 部：北京体育大学出版社读者服务部 010-62989432
印　　刷：唐山玺诚印务有限公司
开　　本：710mm × 1000mm　1/16
成品尺寸：170mm × 240mm
印　　张：5.25
字　　数：100千字
版　　次：2021年12月第1版
印　　次：2021年12月第1次印刷
定　　价：60.00元

教育部哲学社会科学研究后期资助项目

（编号：19JHQ088）

——“校园身体锻炼活动指导方案”

课题组成员

课题负责人：王　健

课题组人员（按姓氏笔画排序）：

马　娜 王　涛 王　瑶 王　璐

吕珈慧 许　婕 周嗣恒

前　言

身体锻炼对促进学生身心全面发展有着不可替代的重要作用。学校体育不仅是体育事业的基石，更是发挥教育功能的重要手段。学校体育教学应尽力为学生营造良好的体育锻炼环境，提供科学的专业化体育教育资源，使学生养成良好的锻炼习惯，不断提高学生的运动技能和身体健康水平，同时培养学生的规则意识、合作精神和意志品质，实现体教融合。本着这样的初衷，我们编写了这本《校园身体锻炼活动指导方案：运动改变生活方式》科普图书。

本书为教育部哲学社会科学研究后期资助项目（编号：19JHQ088），同时，得到天津体育学院专项资金支持，以及青海民族大学柔性人才引进计划项目资助。本书主要编写人员有王健、许婕、吕珈慧、周嗣恒、王璐（天津体育学院）、马娜（天津外国语大学）、王涛（福建师范大学）、王瑶（天津市和平区耀华小学）。此外，在本书的编写过程中，王瑶、许婕、周嗣恒、吕珈慧、徐秀秀、王璐、姚金涛提供了大量图片，在此一并表示衷心的感谢！

由于时间仓促，水平有限，书中难免有疏漏之处，请广大读者批评指正。

目　录

颈部练习

1 单手左右侧压颈部练习

（1）以右侧为例。肩部放松，身体保持直立，右手经头顶放置左侧耳部，左手置于同侧腰间，左侧练习与之相反。（图 1–1）

（2）右手略施加压力将头向右下侧按压，颈部放松，逐渐施加压力至头部与水平方向成 45°，收下颌，目视右下方。（图 1–2）

（3）颈部肌肉有牵拉感并保持 5~10 秒，右手释去压力，头部还原至开始姿势。一侧练习结束后换另一侧练习。

1–1

1–2

提示：左、右侧颈部有牵拉感，注意手部按压力量大小的控制；每个动作练习 5~10 秒，左右两侧各练习 1 次为 1 组，组间间隔 5~10 秒，重复 3~5 组。

要点：自然呼吸；不要太过用力，感觉到舒适即可；异侧肩部不要随动作抬起。

同类动作练习示例：

（1）颈部左右侧拉伸练习。如果手上力量控制不好，可以不必做手在头上侧压的动作。头部主动歪向一侧肩部，动作和要点与单手左右侧压颈部练习相同。（图 1–3、图 1–4）

1–3

1–4

（2）颈部左右侧抗阻练习。在手部下压头颈部时，头颈部主动抗阻，使头颈部慢慢拉伸，抗阻过程保持 5~10 秒，使颈部产生酸胀感，然后释去头颈部和手部的力，头颈部自然回到开始姿势。

2 双手推压颈部屈伸练习

（1）双手十指交叉，置于头后，保持身体稳定。（图 1–5、图 1–6）

（2）双手向下略施压力，颈部放松，头部前屈（图 1–7）。颈后部有牵拉感，保持 5~10 秒，释去手上的压力，头部自然还原。

（3）双手十指交叉，两个大拇指抵住下颌向上推，颈部放松，使头部上抬（图 1–8）。颈前部有牵拉感，保持 5~10 秒，释去手上的压力，头部自然还原。

1–5

1–6

1–7

1–8

提示：颈部有牵拉感，手的推压力量要有控制；每个动作练习 5~10 秒，前屈后伸动作各练习 1 次为 1 组，组间间隔 5~10 秒，重复 2~3 组。

要点：全程保持身体稳定，呼吸自然；避免用力过大造成颈部肌肉拉伤；颈部感到舒适即可。

同类动作练习示例：

（1）点头、仰头练习。如果手上的力量控制不好，可以不必做手的推压动作，只进行点头、仰头练习，动作要点与双手推压颈部屈伸练习相同。（图 1–9、图 1–10）

（2）颈部前屈后伸抗阻练习。在做双手推压颈部前屈后伸动作时，可以在双手向上、向下施加力的同时，头颈部主动抗阻，使前屈后伸动作在有阻力的状态下缓慢、持续进行。每次抗阻练习保持 5~10 秒，使颈部产生酸胀感。练习结束后，头颈部恢复至开始姿势。

1–9

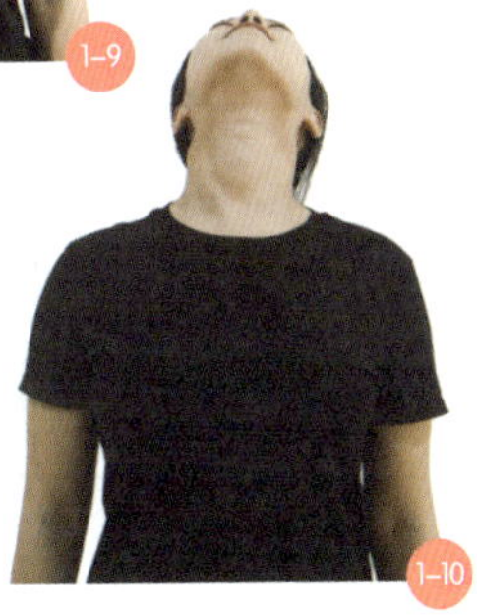
1–10

3 头颈抗阻旋转练习

（1）双眼平视前方，双手置于两耳侧。（图 1-11）

（2）头部主动向右侧旋转，同时右手施加一个向左的力进行抗阻练习，使颈部右侧产生酸胀感。（图 1-12）

（3）随后，头部再向左侧旋转进行同样的抗阻练习。（图 1-13）

（4）左右两侧练习结束后还原至开始姿势。

1-11

1-12

1-13

提示：颈部两侧有酸胀感，手上的力量有控制；每次抗阻练习保持 5~10 秒，每侧各做 3 次为 1 组，组间间隔 30 秒，重复 2~3 组。

要点：保持自然呼吸。避免用力过大导致颈部肌肉拉伤。

同类动作练习示例：

颈部主动旋转练习。如果手上的力量控制不好，可以不必做手的抗阻动作，只要头部主动地向左、右旋转即可，动作要点和头颈抗阻旋转练习相同。（图 1-14、图 1-15）

1-14

1-15

4 颈肩四方向点头旋转练习

（1）保持腰背部挺直，头部面向正前方。

（2）头部向前、后、左、右四个方向分别做点头动作，每个方向保持 2~3 秒；随后分别按顺时针和逆时针的方向旋转 1 周，每 1 周旋转用时约 5 秒；完成后恢复至开始姿势。在运动中，颈部全程放松。

提示：颈部有牵拉感，全程保持规定动作节奏；上述动作各完成 1 次为 1 组，每组练习 4 次，组间间隔 10~20 秒，重复 2~3 组。

要点：保持自然呼吸。颈部有明显发力和牵拉感即可。放慢动作，体会颈部肌肉的发力和收缩。

同类动作练习示例：

耸肩沉肩练习。双脚开立与肩同宽，挺胸、收腹、沉肩，手臂自然放在身体两侧；肩胛骨向上提到极限位置，略作停顿；然后最大限度下沉肩胛骨至极限位置，略作停顿。依次反复完成，耸肩与沉肩动作各做 1 次为 1 组，每组做 12 次，重复 2~3 组。注意动作节奏，避免动作过快。该练习可以锻炼斜方肌上束。

5 颈侧后部泡沫轴练习

（1）仰卧在瑜伽垫上，屈膝双脚踩实，双手置于腹部，将泡沫轴置于颈部下方，颈部完全贴于泡沫轴。（图 1–16）

（2）下颌微抬，头部分别向左、右缓慢转动，在颈后、左、右侧分别停留 3~5 秒（图 1–17）。动作不宜过快，体会颈后部和两侧有舒张的感觉。

1–16

1–17

提示：颈后部和两侧有舒张的感觉，转动头部的速度有控制；重复 3~5 组。

要点：保持自然呼吸。控制动作的速度和力度，避免用力挤压泡沫轴，感受颈部有舒展感即可。

温馨提示：

在日常学习、生活中注意以下几点，能够大大降低颈部肌肉劳损的风险。

● 改善睡眠

人的一生中有 1/3 的时间是在床上度过的，床和枕头的选择、睡姿的正确与否都会对颈椎产生影响。

床不能太软，太软的床会使脊椎受到压迫，导致腰酸。

高度适中的枕头可使颈部保持生理上的自然弯曲。

正确的睡姿应该是仰卧与左、右侧卧相互交替，避免长时间单一睡姿。

● 改善坐姿

在日常学习生活中，多见长时间低头、颈部过度前屈等不良姿态，要通过提高书桌、降低椅子等方法来调整坐姿，保持抬头挺胸。

● 坚持运动

多参与体育活动有利于放松颈部肌肉，预防颈部肌肉的慢性劳损。

自我评估

亲爱的同学们，学习完锻炼颈部的方法来做一下自我评估吧！根据自己的感受如实回答下面五个问题。

1. 你能够理解本部分的练习描述吗？

是□ 否□

2. 你觉得自己的动作标准吗？

是□ 否□

3. 你做完本章节练习，颈部是否有不舒服的感觉？

是□ 否□

4. 你觉得本章节练习对你的颈部有改善吗？

是□ 否□

5. 本次练习完成后，今后你能继续保持练习吗？

是□ 否□

“是”为 20 分，“否”为 0 分，你的得分是多少？

胸背练习

1 俯卧撑练习

（1）俯卧，直臂撑于垫上，两手间距略宽于肩部，腰背挺直，身体成一条直线。（图 2–1）

（2）屈臂俯身至肘关节略高于躯干（图 2–2），然后伸臂起身还原（图 2–3）。

2–1

2–2

2–3

提示：胸部、肩前部和上臂后侧有酸胀感，伸、屈臂时注意肘关节的角度控制和腰臀位置的控制；每组不要力竭，组间间隔 60~90 秒，总次数控制在 70 次以内，每周练习 2~3 次。

要点：屈臂吸气，伸臂呼气；肘关节要适度伸直；腹部收紧，保持腰背挺直；即将力竭时主动停止练习，不要为了多完成一次而使动作变形，动作变形易导致手、肘、腰等部位受伤。

同类动作练习示例：

（1）上斜俯卧撑练习。双手撑在椅子呈上斜姿势（图 2–4），这样既可以降低俯卧撑的难度，又可以把对胸大肌的刺激集中到胸下部。

2–4

（2）继续增加上斜的高度，面向墙壁双手撑墙做靠墙俯卧撑（图2–5、图2–6）。上斜的角度越大，难度就越低。

2–5

2–6

（3）双膝跪在垫上做跪姿俯卧撑（图2–7、图2–8），这样也能降低练习的难度。

2–7

2–8

（4）下斜俯卧撑练习。增加双脚的高度，身体呈下斜姿势（图2–9），这样既可以增加俯卧撑的难度，又可以把对胸大肌的刺激集中到胸上部。下斜的角度越大，难度就越大。

2–9

（5）变式俯卧撑练习。加大双手的距离做宽距俯卧撑（图 2–10），可以增加对胸大肌的刺激；减小双手的距离做窄距俯卧撑（图 2–11），可以增加对肱三头肌的刺激；单脚支撑做俯卧撑，将支点减少到 3 个（图 2–12），可以增加手臂和腰腹部对平衡的控制。

2–10

2–11

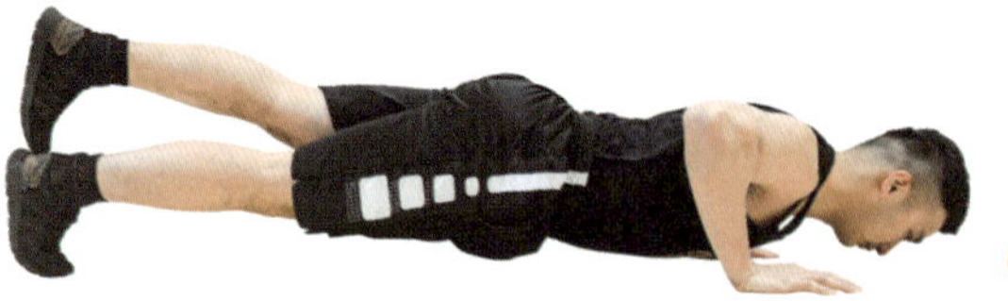
2–12

（6）击掌俯卧撑练习。在俯卧撑撑起时，手臂快速发力将上肢弹起，远离地面，在胸前完成击掌动作，然后双手恢复俯卧撑的姿势撑到地面。这个动作可以很好地锻炼上肢的爆发力，但是对力量和柔韧性等有较高的要求。

（7）立卧撑练习。这是一个很好的燃脂动作，立卧撑比俯卧撑多了一个站立和蹲下的动作。

（8）反方向的背撑练习。仰卧于垫上，屈肘，手臂与躯干夹角成 45° 左右，背部发力，使背部离开地面，靠肘部支撑，静止停顿（图 2–13），使背部及肩部后侧有酸胀感。

2–13

2 手持轻器械胸部练习

轻器械仰卧“钻石”卧推练习。

（1）平躺在瑜伽垫上，屈膝，双腿分开与肩同宽，双脚踩实；肩胛骨后缩下沉，上背部成一个平面贴于地面，收紧腹部，腰部微微离地；上臂贴紧身体两侧，对握哑铃（或装满水的矿泉水瓶），两只哑铃全程保持贴紧。（图 2–14）

（2）伸臂，快速推起哑铃，胸部和上臂后侧有明显收缩感，至最高点时，胸部有强烈的挤压感。（图 2–15）

（3）屈臂，手臂缓慢下降，将器械靠近胸下部。（图 2–16）

前视图见图 2–17 至图 2–19。

2–14

2–15

2–16

2–17

2–18

2–19

提示：练习时保持挺胸，伸臂时胸部产生强烈的挤压感；每组练习 12~15 次，组间间隔 60~90 秒，重复练习 3~4 组，每周练习 2~3 次。

要点：选择合适重量的器械。伸臂时呼气，屈臂时吸气；保持挺胸，肩胛骨后缩下沉，并一直保持；肘关节切勿锁死，避免手肘受伤。

同类动作练习示例：

（1）上、下斜轻器械仰卧“钻石”卧推练习。改变仰卧的角度，上斜（图2-20、图2-21）和下斜（图2-22、图2-23）可以分别针对胸上部和胸下部肌肉进行练习。

2-20

2-21

2-22

2-23

（2）轻器械仰卧“飞鸟”练习。开始姿势与轻器械仰卧“钻石”卧推相同，肘关节微屈，打开双臂，下放哑铃靠近地面，下放时控制动作速度，略作停顿，不要碰到地面（图 2-24 至图 2-26），此时胸部有轻微牵拉感，然后回到起始位置。发力时，上臂向内夹，胸部有明显收缩感；双臂收起时两只哑铃不要碰撞，手臂抬至最高点时，胸部有强烈的挤压感。此练习靠胸大肌的张力控制哑铃下放，主要针对胸大肌中部和三角肌前束。

另外，我们可以改变仰卧的角度，上斜（图 2-27）和下斜（图 2-28）可以分别针对胸上部和胸下部进行练习。

2-24

2-25

2-26

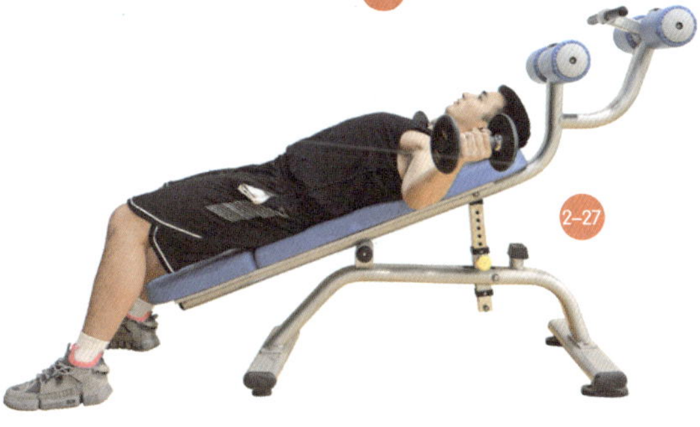
2-27

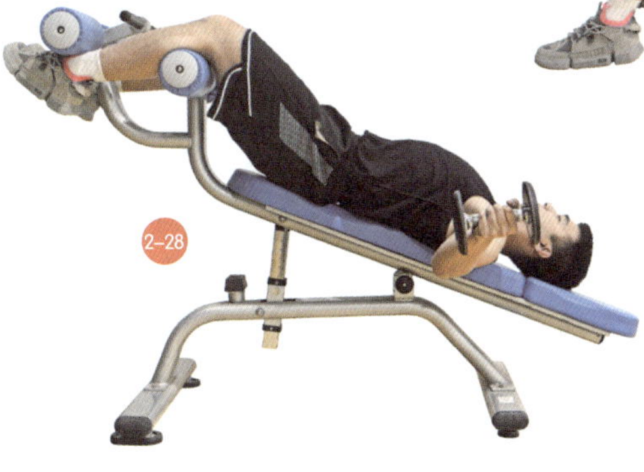
2-28

3 引体向上练习

（1）双手正握单杠，握距略宽于肩，双腿屈膝交叉，双脚离地。（图 2–29、图 2–30）

（2）手臂和背部发力，身体后倾，使胸部靠近单杠，至最高点时收紧肩胛骨（图 2–31、图 2–32），稍作停留后下放还原，保持身体稳定。

2–29

2–30

2–31

2–32

提示：背部肌肉有酸胀感，向上拉起时保持身体稳定不晃动；在保证身体稳定的情况下尽可能完成多的次数，组间间隔 1~2 分钟，重复 3~4 组练习，每周练习 2~3 次。

要点：上升呼气，下降吸气；身体后倾，收紧肩胛骨；向上时保持身体稳定，避免前后晃动导致腰、腹等部位发力；下颌至杠的水平面后停留 1 秒，下落时，双臂肌肉不宜放松，要控制下落速度。

同类动作练习示例：

（1）降低难度的引体向上练习。如果无法标准地完成1次引体向上，可以降低难度，可以不向上拉，保持起始姿势至力竭，组间间隔1~2分钟。练习一段时间后，可采取只提拉肩胛骨的方式进行练习，再练习一段时间后可以做半程的引体向上（图2–33）来锻炼背部肌肉。

2–33

（2）改变握距的引体向上练习。改变握距，可以采取握距等于肩宽的窄握引体向上（图2–34），该动作主要针对背阔肌下侧，有利于增加背阔肌的厚度；还可以采取握距大于肩宽的宽握引体向上（图2–35），该练习主要针对背阔肌上侧、外侧两部分，能有效增加背阔肌的宽度。

2–34

2–35

（3）改变握法的引体向上练习。除了正握的引体向上，可以采取反握的方式（图2–36），这样可以加大肱二头肌的发力，做起来会轻松一些；还可以采用对握的方式（图2–37），这样可以更好地刺激背阔肌。

2–36

2–37

4 俯身轻器械划船练习

（1）双脚分开，屈膝半蹲；双手对握哑铃（或装满水的矿泉水瓶），拳心相对，双臂垂直于地面；俯身，与地面成 20°；颈部保持中立位置，肩胛骨前伸，背部展开，下背部挺直，腹部收紧。（图 2–38、图 2–39）

（2）以手肘为发力点，夹肘上拉哑铃至腹部两侧，肩胛骨后缩，至最高点时略作停顿（图 2–40、图 2–41），缓慢下放哑铃至开始位置。

提示：保持动作不变形，使背部真正地受到刺激；每组练习 12~15 次，组间间隔 60~90 秒，重复练习 3~4 组，每周练习 2~3 次。

要点：上拉哑铃时呼气，下放哑铃时吸气；上拉哑铃时，后背肌肉有明显收缩感；俯身幅度小一些，保持整个背部平直；同时主动夹紧双肘，避免弓腰、肘部未夹紧。

2–38

2–39

2–40

2–41

同类动作练习示例：

弹力带划船练习。将弹力绳固定在与腹部同高的位置，双腿微屈，双脚左右开立，挺胸收腹，腰背挺直，双手拳心向内抓住弹力带（图 2-42）；双臂贴于身体两侧向后拉，夹紧肩胛骨，双手与肋骨下沿同高，呼气（图 2-43），稍做停顿后还原，吸气。全程保持肩部固定，感觉到背部有酸胀感。

如果肩关节或身体有前后晃动，则可以适当减小弹力带拉力，以保证身体和肩关节稳定。

2-42

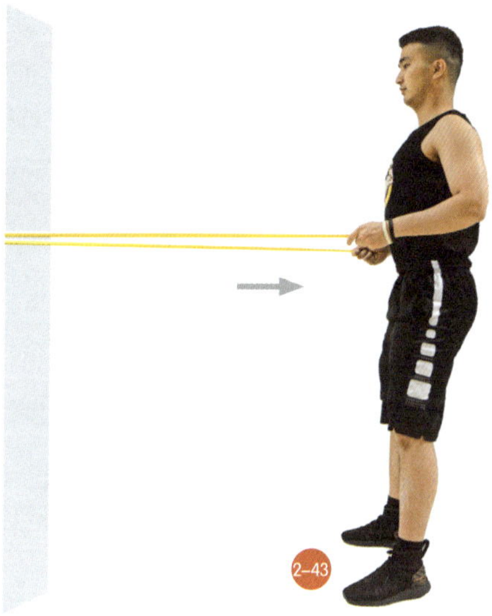
2-43

5 徒手胸部拉伸练习

（1）以左侧为例。左腿弓步在前，右手叉腰。右肩略微耸起，左侧前臂和手掌贴紧墙面，上臂平行于地面。（图 2-44）

（2）在运动过程中，挺身，后缩肩胛骨，上半身前移且向右扭转，感受左侧胸部的牵拉感。（图 2-45）

2-44

2-45

提示：胸部有牵拉感，扭转幅度有控制；每侧拉伸 15~20 秒，两侧各拉伸 1 次为 1 组，组间间隔 30~60 秒，重复 2~3 组，每周练习 2~3 次。

要点：保持自然呼吸。不要含胸，这样会导致牵拉感不明显；扭转角度不要过大，循序渐进，使牵拉感控制在可接受范围，避免拉伤。

同类动作练习示例：

（1）胸部被动拉伸练习。双手侧平举展开，屈臂，使前臂与身体平行，掌心向前，抬头挺胸（图 2-46、图 2-47）。同伴站在身后握住其手肘，膝关节顶住其后背，轻轻向后拉（图 2-48），保持 15~20 秒。注意力度的控制，使胸部和肩部有牵拉感即可，不要过分用力，避免受伤。

2-46

2-47

2-48

（2）坐姿胸部拉伸练习。坐在椅子上，双手向后抓住椅背，身体前倾，挺胸抬头，感受胸部的拉伸感（图 2-49）。保持自然呼吸，不要憋气，使胸部和肩部前侧有明显的牵拉感，保持 15~20 秒。若拉伸感不明显，可以将臀部远离椅背，身体前倾，主动地挺胸、抬头、后缩肩胛骨，肩部向后打开。

2-49

6 俯身“T”形伸展练习

（1）屈膝俯身，身体与地面成 30°~ 45°，屈肘，双手握拳，上臂外旋，大拇指朝外（图 2–50、图 2–51），挺直背部，头部与脊柱保持在一条直线上。

（2）双臂外展至侧后水平位置，大拇指朝上；双臂后收，斜方肌收缩，肩胛骨后缩至最大限度，停顿 3 秒。全过程手肘微屈，手臂不发生旋转（图 2–52、图 2–53），感受到背中部有明显挤压感后回到开始位置。

提示：背中部有挤压感，控制手臂的外旋；每组练习 12~15 次，重复练习 2~3 组，每周练习 2~3 次。

要点：外展时吸气，还原时呼气；发力时，感受到背中部有明显挤压感；练习时，收紧腰腹核心，保持背部挺直；前臂不能外旋，大臂带动前臂外旋。

2–50

2–51

2–52

2–53

同类动作练习示例：

（1）俯身“TW”形伸展练习。俯身“T”形伸展的变式练习，起始姿势与俯身“T”形伸展姿势相同，后缩时手臂与身体呈“W”形（图 2–54），双肩放松。

2–54

（2）“猫式”伸展练习。俯撑在瑜伽垫上，双手、双膝着地，全身放松，拱起上背部，低头（图 2–55），整条脊柱弯曲到有一定挤压感，同时背部有较强牵拉感；然后胸部下沉到最低，仰头（图 2–56），塌落时整个脊柱向后伸展，至腹部有较强牵拉感。注意动作不要太快，每个阶段都要略作停顿。

2–55

2–56

（3）肩胛骨前伸后缩练习。双脚开立与肩同宽，挺胸、收腹、沉肩，手臂前平举到身前，掌心相对。肩胛骨向前伸到极限，略作停顿，感受到背部有拉伸感，呼气（图 2–57）；然后最大限度地向后收缩肩胛骨，略作停顿，感受到背部有挤压感，吸气（图 2–58）。依次反复完成，注意收紧腰腹，不要晃动。

（4）站 / 跪姿背部拉伸练习。站姿，保持背部挺直，以左侧为例，左臂屈肘至左耳边（图 2–59、图 2–60），右手抓住左肘向右侧最大限度拉伸（图 2–61、图 2–62），感受到左侧背部有拉伸感，注意拉伸幅度不要过大，感到舒适即可；还可以在瑜伽垫上做跪姿的背部拉伸，臀部坐在脚跟上，身体自然而放松地向前趴下，肩部下压，手臂向前延伸（图 2–63），使腰背部有牵拉感。

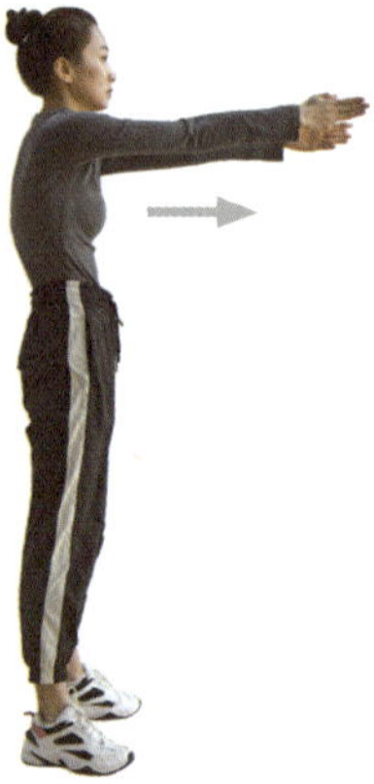
2–57

2–58

2–59

2–60

2–61

2–62

2–63

7 泡沫轴胸背部练习

仰卧在瑜伽垫上，双手放在头后，泡沫轴置于胸椎下方；双腿、臀部贴地（图 2-64）。深呼吸，全身放松，感觉胸椎有拉伸感。

提示：胸椎有拉伸感，感受胸椎的展开；每次拉伸 15~20 秒，重复 2~3 组，每周练习 2~3 次。

要点：保持自然呼吸。如果胸椎拉伸感过强，可以选择垫高臀部。

同类动作练习示例：

泡沫轴上背部拉伸练习。侧卧，泡沫轴置于上背部下方，来回滚动。下颌收紧，减少颈部受力。背部肌肉在泡沫轴的挤压下，有轻微疼痛和舒展感，如果感受太过强烈，可以用靠墙的方式完成练习。（图 2-65）

自我评估

亲爱的同学们，学习完锻炼胸背部的方法来做一下自我评估吧！根据自己的感受如实回答下面五个问题。

1. 你有坚持完整做完每个动作吗？

是☐ 否☐

2. 你能够不间断做完所有练习吗？

是☐ 否☐

3. 做完练习后，你的胸背部肌肉有感觉吗？

是☐ 否☐

4. 本次练习完成后，今后你能继续保持练习吗？

是☐ 否☐

5. 你感觉自己的动作标准吗？

是☐ 否☐

“是”为 20 分，“否”为 0 分，你的得分是多少？

腰腹练习

1 仰卧卷腹练习

（1）仰卧，双腿屈膝，双脚自然分开，平放于地面，双手分别放在同侧的耳朵上。（图 3-1）

（2）慢慢地使肩膀靠近膝关节，直至腰部离开地面，然后稍做停顿，挤压腹部（图 3-2），随后回到开始位置。

3-1

3-2

提示：腹肌有压缩感，颈部不发力，腹部发力；每组练习 15~20 次，组间间隔 1~2 分钟，重复练习 3~4 组，每周重复练习 3 次。

要点：屈身时吸气，动作完成下放时呼气；上体要尽量前屈，始终保持腹肌的紧张感；上体抬起时，背部应保持自然状态，以免肌肉产生反抗力，减少颈部压力；动作不可过快，慢起慢落，充分体验腹肌的压缩感。

同类动作练习示例：

（1）仰卧卷腹练习。双手放于两耳侧，用腹肌的力量使肩部和上背部离开地面，在最高点略作停顿后（图 3–3），缓慢回到开始位置。卷腹时，下背部保持紧贴地面，手肘向外打开。注意颈部放松，肩胛骨离开地面即可。

3–3

（2）仰卧举腿练习。平躺在瑜伽垫上，手臂紧贴地面（图 3–4），双腿向上抬至与地面约成 70°（图 3–5），收紧腹部，提臀，呼气，腹部有明显的收缩感，重心位于中背部，至最高点时略作停顿，回到开始位置，吸气。身体有弹性地收缩、伸展，不可用力蹬腿，全程臀部离地。

（3）仰卧蹬腿练习。双腿与地面成 30°，双腿交替屈伸，感觉像在蹬一辆自行车，动作尽量缓慢，不可用力蹬腿。（图 3–6、图 3–7）

3–4

3–5

3–6

3–7

（4）仰卧两头起练习。平躺于垫上，双臂伸直置于头部两侧，双腿夹紧，腹肌发力起身，起身时双腿与上半身同时抬起，手触碰小腿前侧（图 3-8）；下放时全身保持紧张，不能突然放松。手脚下落时，腹部出现紧绷感，幅度越大紧绷感越强。

（5）仰卧交替摸脚练习。开始姿势类似于卷腹，将头、颈、肩部抬起，双臂伸直置于身体两侧，腰部贴地，骨盆固定不动（图 3-9）；左右移动双肩，手触摸脚跟（图 3-10），腹部全程保持紧绷。交替摸脚时腹部两侧有收紧感，注意收紧下颌，减少颈部发力。

3-8

3-9

3-10

（6）俄罗斯转体练习。坐于垫上，双腿屈膝抬起，双脚离地，下背挺直，上背微弓，双手放在头后（图 3-11）。以左侧为例，转动双肩来带动手臂向左侧移动，上抬左腿，伸直右腿，使右手手肘接触左腿膝关节，目光跟随双手移动（图 3-12）。一侧练习结束后，换另一侧练习，动作形式相反。转身时呼气，身体转正时吸气，整个动作腹部始终保持紧绷感。转体时，对侧腹部有收缩挤压感，力竭后即可休息。

3-11

3-12

2 平板支撑练习

双手撑地，收紧核心，背部挺直，全身保持稳定状态，双脚分开与肩同宽。（图 3–13）

3–13

提示：腹部有紧绷感，保持腰背部的稳定；每组练习 30~60 秒，组间间隔 60~90 秒，重复 3~4 组，每周练习 3 次。

要点：保持自然呼吸，不要塌腰或抬臀。

同类动作练习示例：

（1）变式平板支撑练习。手掌支撑可改为用手肘支撑（图 3–14），抬起一只脚（图 3–15）或脚撑在瑜伽球上（图 3–16）；另外，还可以通过侧身的姿势来锻炼侧腹部肌肉（图 3–17）。

（2）骨盆前倾练习。手、膝支撑，双臂与大腿垂直于地面，大腿与上体躯干成 90°，躯干平直，塌腰时髋关节处于前倾的状态（图 3–18），保持 1 秒，再回到原位（图 3–19），反复练习。注意不要过度挤压腰部，以免使腰部受伤。

3–14

3–15

3–16

3–17

(3) 左右侧腰椎稳定性练习。开始姿势与骨盆前倾练习相同，腰部保持稳定，右腿向后伸直（图 3-20），稍作停留后还原。双腿交替练习，注意腰部不要晃动。

(4) 对角交替支撑练习。这是左右侧腰椎稳定性练习的进阶练习。从俯卧撑姿势开始，双脚分开与肩同宽，身体水平保持稳定，抬起异侧的手、脚分别向前、后伸展，保持 1 秒（图 3-21），再换另一侧。注意控制动作节奏，不要太快。

3 燕式平衡练习

双臂侧平举，右脚向前迈一步，上体前倾，抬头、挺胸，右腿（支撑腿）膝关节绷直，左腿（上抬腿）经后向上慢慢抬起，同时上体下压与地面平行，成后举腿单腿平衡（图 3-22），保持一定时间，随后还原，双腿交替进行。

3-22

提示：支撑腿和腹部有紧张感，保持稳定，有控制；每组练习保持 15~60 秒，组间间隔 30~60 秒，重复练习 2~3 组，每周重复练习 2~3 次。

要点：自然呼吸，挺胸抬头，上体下压，同时后腿向后上方举起；如果保持不了平衡，可以借助固定物或者练习伙伴帮助，上臂保持平衡。

同类动作练习示例：

俯身“小飞燕”练习。俯卧在瑜伽垫上，双臂用力向脚的方向伸（图 3-23），双肩向后夹紧、膝关节离地，头、颈保持自然姿态，不要仰头（图 3-24）。抬起呼气，下落吸气；抬起时下背部和臀部有挤压感，腹部完全贴地，用胸部下沿的肋骨支撑身体，收紧臀部。

3-23

3-24

4 山羊挺身练习

（1）俯身在器械上，不压迫腹部，收紧腰腹，挺身时身体呈一条直线，下肢始终保持固定。（图 3–25、图 3–26）

（2）身体缓缓下落，主动控制下落速度，俯身至与地面平行即可（图 3–27），然后复原。

3–25

3–26

3–27

提示：腰部有酸胀感，控制俯身和挺身的速度和角度；每次练习 2~4 组，每组练习 12~20 次，每周练习 1~2 次。

要点：俯身时吸气，挺身时呼气；俯身不要太过，挺身时身体呈一条直线。

同类动作练习示例：

俯卧挺身转体练习。俯卧在瑜伽垫上，双手扶于耳后，挺身（图 3–28），身体先向左旋转，再向右旋转，全程肘部不要着地（图 3–29、图 3–30）。保持背部紧张，缓慢回到起始状态。挺身时吸气，转体时闭气，俯身时呼气，感受到下背部有酸胀感。如果觉得转体难度过大，也可以只进行挺身的练习。

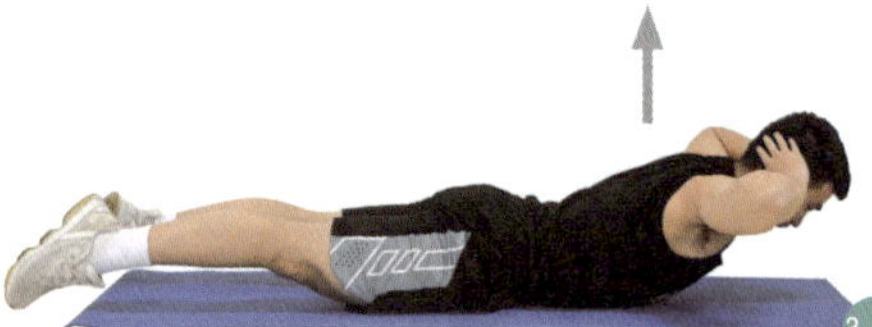
3–28

3–29

3–30

5 腹部拉伸练习

俯卧在瑜伽垫上，腿部完全贴紧地面，双手将上半身撑起，拉伸腹部（图3–31）。手臂垂直于地面，挺胸、收腹。

3–31

3–32

提示：腹部有牵拉感，注意腰部反弓角度的控制；每组拉伸 15~20 秒，组间间隔 30~60 秒，重复 2~3 组，每周练习 2~3 次。

要点：保持自然呼吸。如果腹部牵拉感不明显，则可以抬头向上看（图 3–32）；注意腰部不要过于反弓，不要过分追求牵拉感。

同类动作练习示例：

（1）腹内斜肌拉伸练习。双臂展开，俯卧在瑜伽垫上，双肩贴紧地面（图 3–33），双腿并拢，小腿抬起垂直于地面，下半身向左（右）侧扭转（图 3–34）。全程保持自然呼吸，注意控制扭转的幅度，有牵拉感即可，不要因牵拉感过强而导致疼痛。

3–33

3–34

（2）腹外斜肌拉伸练习。双臂展开，仰卧在瑜伽垫上，双肩贴紧地面（图 3-35），双腿屈膝并拢，下半身向右（左）侧扭转（图 3-36）。要求和腹内斜肌拉伸相同。

3-35

3-36

（3）健身球腹部拉伸练习。腰部、背部全部贴在健身球上，手脚触地保持平衡。保持自然呼吸，感受整个腹部强烈的牵拉感。（图 3-37）

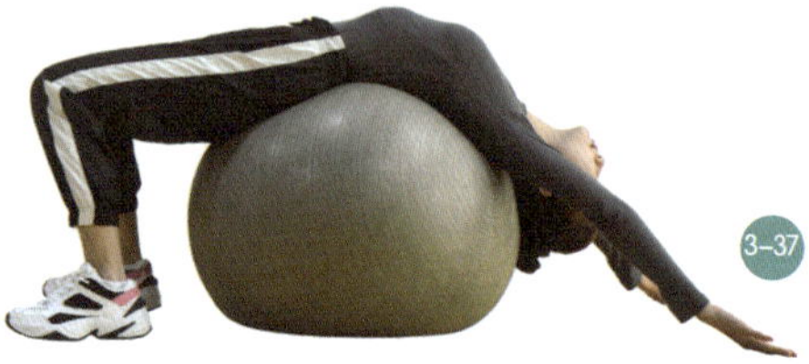
3-37

6 腰部拉伸练习

自然站立，双脚并拢，弯腰双手抱紧膝关节后侧。用力俯身，前弓到最大限度，双手保持锁定状态。（图 3–38）

3–38

提示：腰部有明显的拉伸和舒适感，保持髋关节后倾，每组拉伸 15~20 秒，组间间隔 30~60 秒，每次练习 2~3 组，每周重复练习 2~3 次。

要点：自然呼吸，可适当屈膝。

同类动作练习示例：

侧腰部拉伸练习。以右侧为例，右臂贴紧右耳，左手抵在左侧腰部，身体向左侧倾，感受右侧腰部的拉伸感（图 3–39）。自然呼吸，如果拉伸感不明显可以将身体再向左侧倾斜一点。

3–39

自我评估

亲爱的同学们，学习完锻炼腰腹的方法来做一下自我评估吧！根据自己的感受如实回答下面五个问题。

1. 你有坚持完整做完每个动作吗？

   是□ 否□

2. 你能够不间断做完所有练习吗？

   是□ 否□

3. 做完练习后，你的腰腹部肌肉有感觉吗？

   是□ 否□

4. 本次练习完成后，今后你能继续保持练习吗？

   是□ 否□

5. 你感觉自己的动作标准吗？

   是□ 否□

“是”为 20 分，“否”为 0 分，你的得分是多少？

上肢练习

1 肩部外展练习

（1）自然站立，挺胸，收紧腹部，肘部微屈，双手握紧哑铃（或装满水的矿泉水瓶）放于大腿两侧。（图 4–1）

（2）下沉肩部，以肘为支点，侧平举举起哑铃，举至肘关节与肩部同高（图 4–2、图 4–3），保持 3 秒，然后水平向内收，过程中拳心始终朝下。

4–1

4–2

4–3

提示：肩部有灼烧感，肘部发力带动手臂。每组 8 个，每次做 3~4 组，组间间隔 2 分钟，每周锻炼 2~3 次。

要点：上举哑铃时吸气，下放哑铃时呼气；侧平举时，上臂要平行于地面；在举起时，肩部有明显收缩感，次数多可能会出现轻微灼烧感。在练习过程中，不要耸肩、上下摆动身体。若出现这种情况，可以尝试坐姿练习，挺胸，肩胛骨向后缩、绷紧固定。如果力量稍差，可以徒手练习。

同类动作练习示例：

（1）弹力带肩部侧平举练习。可以将侧平举的器械换成弹力带（图 4-4、图 4-5），弹力带有持续的张力，能很好地锻炼到肩部肌肉。

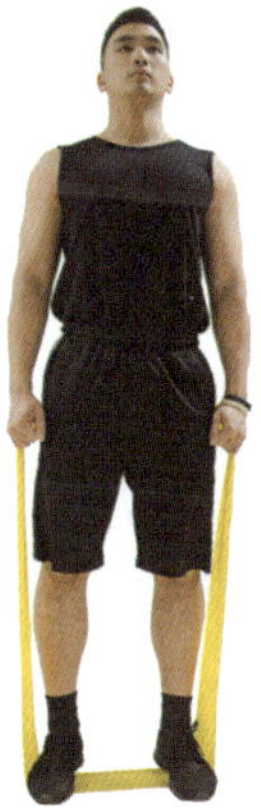

4-4

4-5

（2）肩部前平举练习。开始姿势同图 4-1，肩部发力带动手臂举起哑铃至与肩同高，肘关节保持微屈状态；在最高点保持 1 秒（图 4-6、图 4-7），然后缓慢下落。该动作能很好地刺激三角肌前束，另外也可以用弹力带来练习（图 4-8）。

4-6

4-7

4-8

（3）俯身侧平举练习。俯身，保持稳定，腰背挺直，做双手的侧平举练习（图 4-9 至图 4-12），感受到肩后侧有酸胀感。这个动作能够很好地锻炼三角肌后束，发达的后束不仅能使肩部看上去更立体，还能在一定程度上解决圆肩驼背的体态问题。同样这个练习也可以使用弹力带进行（图 4-13）。

4-9

4-10

4-11

4-12

4-13

（4）弹力带高位面拉练习。将弹力带系于高点，双脚开立，腰背挺直，拳心向下，抓住弹力带（图 4–14），后拉至面部，上臂与肩部在同一水平面上（图 4–15、图 4–16），稍作停留后还原。每组 10 次，做 3~4 组，组间间隔 1 分钟，该练习主要锻炼三角肌后侧。

4-14

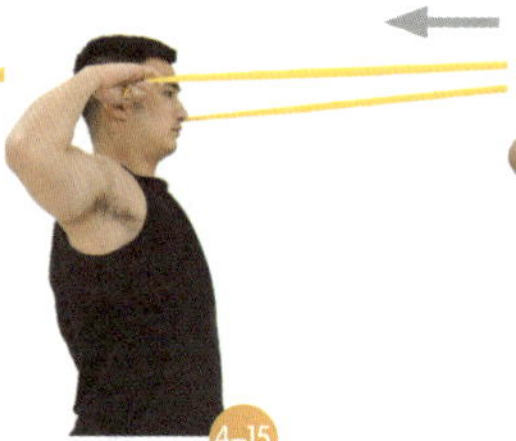
4-15

4-16

2 前臂屈练习

（1）自然站立，挺胸，收紧腹部，臀部夹紧，身体保持稳定，肩膀后缩下沉，双手握住哑铃（或装满水的矿泉水瓶），拳心朝前，上臂紧贴身体，并保持固定（图 4-17、图 4-18）。

（2）上臂前侧发力，手臂弯曲抬起哑铃至胸部附近，稍做停顿，挤压手臂（图 4-19、图 4-20），缓慢下落还原至起始位置。在最低点时，手臂不完全放松，也不完全伸直；动作过程中上臂紧贴身体，保持固定。

4-17

4-18

4-19

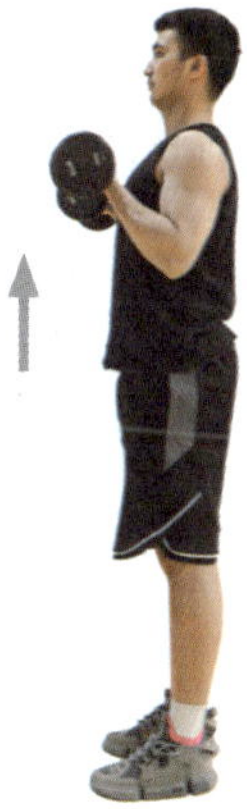
4-20

提示：肱二头肌产生酸胀感，保持身体、肩部的稳定；每组练习 8~15 次，组间间隔 60~90 秒，每次练习 3~4 组，每周练习 3~4 次。

要点：弯曲上举呼气，下落吸气；弯曲时，上臂前侧有明显收缩发力感，下落到最低点，整个手臂有紧绷感；控制好动作速度，保持对肌肉的控制，不要甩动哑铃，臀、腹部收紧，稳定身体；重量太重可以先减重量；向上发力时手腕稍向下伸，不要弯曲，减少前臂的参与。

同类动作练习示例：

（1）交替前臂屈练习 1。双臂除了可以同时练习，还可以一边一次交替进行练习。在交替练习的时候，从前臂屈开始练习，更能够增加肱二头肌的酸胀感。

（2）交替前臂屈练习 2。改变握法，拳眼向上做前臂屈练习（图 4-21、图 4-22），还可以用弹力带来练习（图 4-23、图 4-24）。

4-21

4-22

4-23

4-24

3 前臂伸练习

（1）自然站立，膝关节微屈，俯身至后背与地面平行，收紧腰腹，下背部保持紧绷；双手对握哑铃（或者装满水的矿泉水瓶），上臂夹紧，贴于身体两侧（图4–25）。

（2）保持身体不动，手臂发力伸直，稍做停顿（图4–26、图4–27），然后屈肘，前臂有控制地下放至与地面垂直位置。

4–25

4–26

4–27

正视图

提示：肱三头肌有酸胀感及身体姿势的保持；每组练习 8~15 次，组间间隔 60~90 秒，每次练习 3~4 组，每周练习 3~4 次。

要点：发力伸直手臂时呼气，屈肘下放哑铃时吸气；发力伸直手臂时，上臂后侧有明显收缩感，多次练习后可能会出现轻微灼烧感；俯身，保持整个背部平直；夹紧上臂贴于身体两侧，避免弓腰、摆动上臂；也可以使用弹力带来练习（图 4–28、图 4–29）。

4–28

4–29

同类动作练习示例：

（1）屈腿仰卧后撑练习。身体背对长凳，双腿放松弯曲，双手掌根撑于长凳边缘（图 4-30），绷紧肩部，手臂后侧发力做屈伸运动，背部沿长凳外侧上下移动（图 4-31）。

4-30

4-31

（2）颈后臂屈伸练习。双手持哑铃置于颈后（图 4-32），吸气，伸直双臂，将哑铃举至头的上方（图 4-33）；呼气，屈臂下放。练习前做好热身，若肘部不舒服，可以增加双肘打开的角度。

4-32

4-33

4 手腕屈伸练习

（1）以左手为例。坐位，手握哑铃，上半身稍前倾，前臂置于同侧大腿上，手腕贴住膝盖，采用正握的方法（手心向下），将哑铃最大限度向下放。（图 4–34）

（2）手腕贴住膝盖，收缩前臂，将哑铃向上弯举至极限（图 4–35），稍作停留。感受前臂肌肉的收缩，然后将哑铃有控制地放回起始位置。

4–34

4–35

4–36

4–37

提示：仅用前臂肌肉发力。每组练习 8~15 次，组间间隔 60~90 秒，每次练习 3~4 组，每周练习 3~4 次。

要点：上举呼气，下放吸气。在整个动作过程中，身体要保持同一姿势，除手腕之外，其他部位保持不动。

还可采用反握的方法（图 4–36、图 4–37）。正握（手心向下）主要锻炼前臂屈肌，反握（手心向上）主要锻炼前臂伸肌。

5 肩部伸展练习

（1）坐位，身体保持正直，挺胸，腹部收紧，上臂抬至与地面平行，手肘微屈，双手握拳，大拇指朝上。（图 4–38）

（2）屈肘至大臂与前臂成 90°（图 4–39），动作过程中上臂始终平行于地面，保持肩部和肘部的位置不动，向上转动手臂（图 4–40、图 4–41），然后手臂依次回到起始位置。

4–38

4–39

4–40

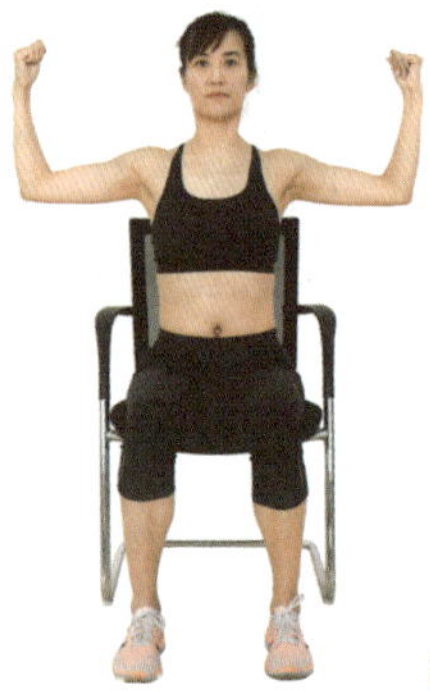
4–41

提示：两肩后侧有明显收缩感，注意节奏和角度的掌控；10 个 1 组，每次做 3~4 组，组间间隔 1 分钟，每周练习 2~3 次。

要点：手臂上行时呼气，下放时吸气；动作过程中要挺胸，保持双肩下压；手臂向后拉时，要保持上臂处于水平位。该动作也可以站姿练习。

同类动作练习示例：

（1）“L” 形伸展练习。手肘夹紧身体，前臂置于体前且与地面平行，双手握拳，拳心向上（图 4-42），拇指指向外侧，然后前臂向外旋转（图 4-43、图 4-44），至后背收紧，稍作停留后还原。

4-42

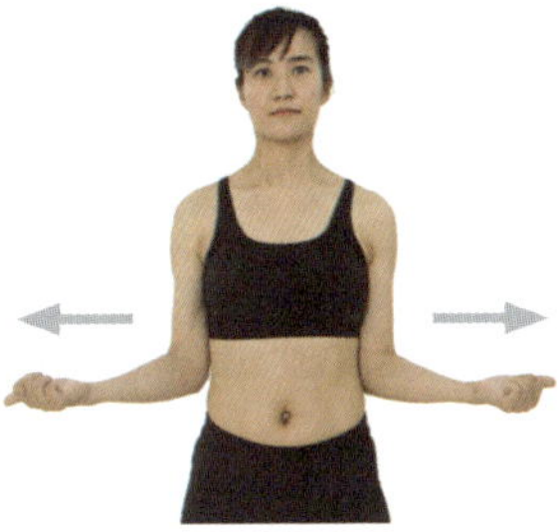
4-43

4-44

（2）肩部绕环练习。身体直立，双脚分开与肩同宽，身体保持稳定；屈臂，手指点在肩部；肩膀向前、后环绕转动，幅度越大越好。前、后各做 8 次为 1 组，做 3~4 组，组间间隔 1 分钟，每周练习 2~3 次。

（3）坐姿反手上举练习。坐姿，上半身挺直；双臂上举，掌心朝后；手臂用力向上伸展，用力耸肩（图 4-45、图 4-46），随后收回手臂，上臂与前臂成 90°，前臂与地面垂直，目视前方（图 4-47、图 4-48）。10 个 1 组，每次做 3~4 组，组间间隔 1 分钟。

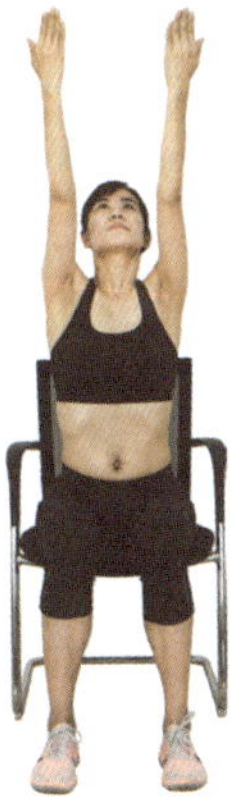
4-45

4-46

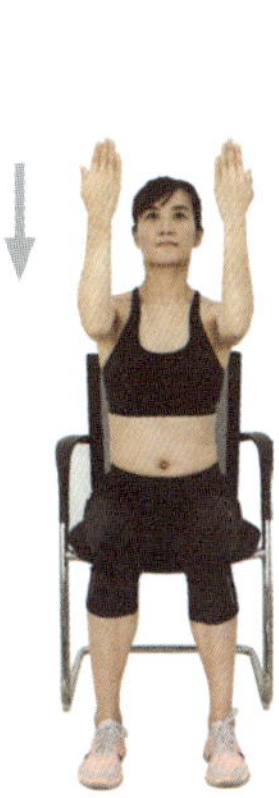
4-47

4-48

6 手臂前侧拉伸练习

背对墙壁站立，双脚自然分开，左臂内旋，指尖朝下，手掌按在墙上，手肘朝上，头与身体向右（左）扭转。（图 4-49）

4-49

提示：上臂前侧产生明显的牵拉感，控制身体扭转的幅度；每侧练习 15~20 秒，两侧各练习 1 次为 1 组，组间间隔 30~60 秒，每次练习 2~3 组，每周练习 2~3 次。

要点：全程保持自然呼吸。若牵拉感过强引起疼痛，可以尝试手掌位置稍微向下移动，以减轻拉伸强度；做动作时，肩膀下沉，掌心朝外，肘关节伸直，身体向异侧转。

7 手臂后侧拉伸练习

直立，右臂上举至耳边，肘关节最大限度折叠；左臂扶在右侧肘关节上，向左后方拉。（图 4-50）

此动作分左、右两侧，左侧反之。

4-50

提示：上臂后侧产生明显的牵拉感，注意后拉幅度的控制；每侧练习 15~20 秒，两侧各练习 1 次为 1 组，组间间隔 30~60 秒，每次练习 2~3 组，每周练习 2~3 次。

要点：保持自然呼吸。手部用力不要过大，感觉到舒适即可。肘关节最大限度折叠。左手抓住右肘向左拉，右手抓住左肘向右拉。

8 前臂拉伸练习

侧对墙壁站立，双脚自然分开，右手手臂外旋，指尖朝下，手掌按在墙上，手肘朝下，头与身体向左旋转。（图 4-51）

此动作分左、右两侧，左侧反之。

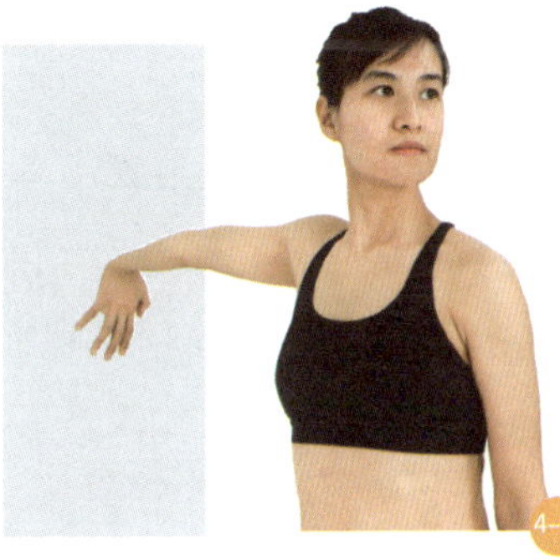

4-51

提示：前臂产生明显的拉伸感，控制身体扭转幅度。每侧练习 15~20 秒，两侧各练习 1 次为 1 组，组间间隔 30~60 秒，每次练习 2~3 组，每周练习 2~3 次。

要点：保持自然呼吸。在练习过程中，若因牵拉感过强而疼痛，尝试手掌位置稍微向下移动，以减轻拉伸强度。注意手臂外旋时手肘朝下。

同类动作练习示例：

手腕伸肌拉伸练习。右臂伸直，指尖朝下，掌心朝内，左手拉住右手稍向内发力牵拉（图 4-52）。此动作分左、右两侧，左侧反之。

4-52

自我评估

亲爱的同学们，学习完锻炼上肢的方法来做一下自我评估吧！根据自己的感受如实回答下面五个问题。

1. 你有坚持完整做完每个动作吗？

是□ 否□

2. 你能够不间断做完所有练习吗？

是□ 否□

3. 做完练习后，你的上肢肌肉有感觉吗？

是□ 否□

4. 本次练习完成后，今后你能继续保持练习吗？

是□ 否□

5. 你感觉自己的动作标准吗？

是□ 否□

“是”为20分，“否”为0分，你的得分是多少？

下肢练习

1 深蹲练习

（1）双脚开立与肩同宽，腰背挺直，膝关节与脚尖方向一致，不要内扣；掌心向下，手臂前平举。（图 5–1）

（2）下蹲动作自然流畅，臀部向后移动，至最低点时大腿与地面近似平行（图 5–2、图 5–3），然后起身还原，全程保持腰背挺直。

5–1

5–2

5–3

提示：大腿分别感受到牵拉和收缩感；下蹲时主动屈髋，以保证身体不过于前倾。每组练习 12~20 次，每次练习 3~4 组，组间间隔 1~2 分钟，每周练习 1~2 次。此动作是练习下肢肌肉最基本的动作，也是效果较好的动作之一。腿部肌肉属于大肌肉群，每周练习次数不宜过多。

要点：下蹲时吸气，起身时呼气。下蹲时，臀部和大腿前侧有轻微牵拉感；蹲起时，臀部和大腿前侧收缩发力，臀部发力更加明显。动作全程保持腰背挺直。

同类动作练习示例：

（1）半蹲练习。要求与深蹲练习基本相同，下蹲至大腿与地面成 45°（图 5–4）。

（2）负重深蹲练习。在徒手深蹲的基础上，可以手持重物增加难度（图 5–5 至图 5–7），但是要适度；还可以双臂握住杠铃放置颈后来进行深蹲练习（图 5–8 至图 5–10）。需要注意的是，在进行杠铃深蹲时，手肘要尽量向后。

5-4

5-5

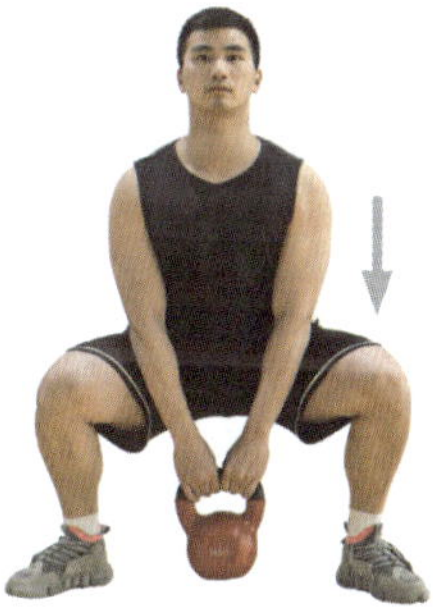

5-6

5-7

5-8

5-9

5-10

（3）深蹲交替提膝练习。在完成一次深蹲后，可以增加一个提膝的动作，站起时重心位于支撑腿的脚掌外侧，用力绷紧支撑腿一侧的臀部；另一侧腿提膝至最高点，身体同时向提膝一侧扭转（图 5–11 至图 5–13），然后恢复至起始姿势。下一次蹲起提膝时换另一侧腿。

5–11

5–12

5–13

（4）靠墙静蹲练习。双脚分开与肩同宽，双手放于大腿上，缓慢下蹲至大腿与地面平行，保持后背紧贴墙面，感受膝关节附近肌肉发力（图 5–14、图 5–15）。注意小腿不要离墙太远。每次练习 3~4 组，每组坚持 30~60 秒，组间间隔 1~2 分钟，每周练习 1~2 次。

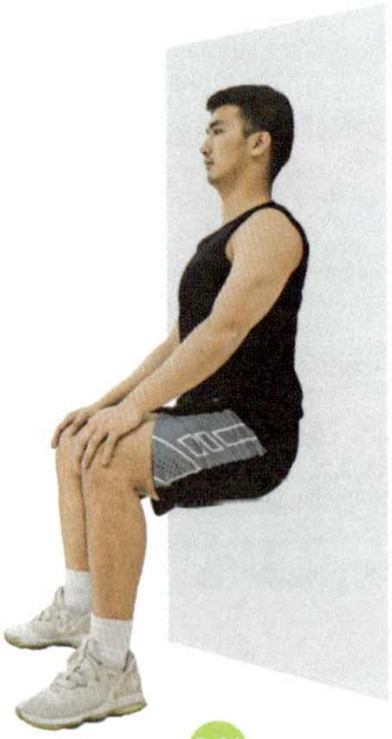
5–14

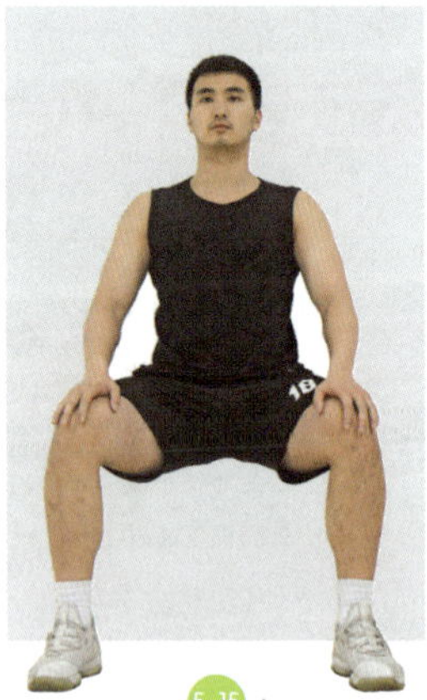
5–15

2 箭步蹲练习

（1）自然站立，双脚前后开立与肩同宽，腰背挺直，双手叉腰。（图 5–16）

（2）向前迈步形成弓步，前腿小腿与地面成 90°，保持躯干与前腿小腿平行，重心在双腿中间；保持后腿脚尖朝前，与膝关节在同一方向上（图 5–17），腿部发力将身体向后、向上顶起，还原至站立姿势。左右腿交替练习。

5–16

5–17

提示：感受到股四头肌、臀大肌的牵拉和收缩。

要点：下蹲时短促深吸气至腹腔，站起恢复原位时快速呼气；确保股四头肌发力，持续收紧腹部、臀部；腰部保持中立位，不要过分挺身，保持躯干与前腿小腿平行；重心尽量靠近身体中线，不要向其他方向偏移。

同类动作练习示例：

（1）负重箭步蹲练习。手持重物进行负重箭步蹲练习。（图 5–18）

（2）侧箭步蹲练习。为了更全面地锻炼腿部肌肉，可以换一个方向做弓箭步蹲练习。双脚开立至 2 倍肩宽，脚尖朝向斜前方，左腿横向向左迈步，身体向右侧下蹲，左腿伸直，略作停顿（图 5–19）；然后横向向右迈步，左腿下蹲，右腿伸直，双脚脚跟始终贴紧地面，双手始终置于胸前，重心放在一侧腿上，腰背挺直，膝关节与脚尖方向一致。臀部发力蹲起恢复至初始站立姿势，左右腿交替，尽量利用股四头肌和臀部发力。

5–18

5–19

（3）向前、向后弓箭步行走练习。

（4）爬楼梯练习。爬楼梯的动作和弓箭步的动作相似，也能很好地锻炼腿部肌肉。做此练习时，可一次上多节台阶，以增加练习难度。（图 5-20）

5-20

3 跳蹲练习

（1）跳蹲练习的开始姿势同深蹲练习的开始姿势。

（2）收紧腰腹部，下蹲时手臂前伸，与地面平行，手指伸直，蹲到底时大腿和臀部的肌肉弹性跳起，只有起跳的瞬间发力，手臂配合向下摆。

提示：大腿前侧有酸胀感，发力时保持身体姿势；每组练习 12~20 次，每次练习 3~4 组，组间间隔 1~2 分钟，每周练习 1~2 次。

要点：下落时吸气，跳起时呼气；只有起跳的瞬间发力，避免膝关节内扣。

同类动作练习示例：

（1）深蹲跳变式练习。将深蹲跳与其他动作结合，可以锻炼全身，达到燃脂瘦身的效果，如开合深蹲跳、深蹲交替提膝跳。

（2）箭步蹲跳练习。箭步蹲和跳相结合，也是非常好的燃脂瘦身动作。

（3）跳箱练习。跳箱训练是常见的增强式训练，主要用来提高下肢的爆发力。站在跳箱前 30~50 厘米处，先做一个深蹲类的动作，然后双脚同时快速发力跳起，屈髋、双脚全脚掌同时落在跳箱上，然后向后走下跳箱。这是最基础的练习，此外，我们还可以借助跳箱做其他练习，如侧对跳箱起跳在空中转体的练习。

4 提踵练习

自然站立，双手叉腰（图 5-21），脚跟抬至最高处（图 5-22），稍作停留后下落。

5-21

5-22

提示：小腿后侧有酸胀感，注意控制重心；每组练习 12~20 次，组间间隔 60~90 秒，每次练习 3~4 组，每周练习 1~2 次。

要点：自然呼吸。脚跟轻轻抬起，轻轻放下。

同类动作练习示例：

（1）单腿提踵练习。一腿提踵支撑，另一腿向后抬起。（图 5–23）

（2）负重提踵练习。手持重物进行提踵练习。（图 5–24）

（3）坐姿提踵练习。坐在椅子上，将重物放在大腿上进行提踵练习。（图 5–25）

5–23

5–24

5–25

（4）跳绳练习。跳绳是理想的全身有氧运动，既可以锻炼腿部肌肉，提高弹跳力；又可以锻炼心肺功能，是非常好的燃脂练习。跳绳时用前脚掌起跳和落地，不要用全脚或脚跟落地。当跳起时，不要过度弯曲身体，要呈自然弯曲的姿势，配合有节奏的自然呼吸。向前摇绳时，上臂靠近身体两侧，肘稍外展，上臂近似水平位，用手腕发力做外展、内旋运动，带动双手在体侧做画圆动作。

初学者刚开始不要跳得太快，原则上每跳 100~200 次就可以稍作休息。理想心率在 150 次 / 分钟左右。若每分钟跳 140 次，只需跳 6 分钟，运动效果就相当于慢跑半小时。

初学时，可在原地一次连续跳 3 分钟；3 个月后一次可连续跳上 10 分钟；半年后每天可实现“系列跳”（如每次连跳 3 分钟，共 5 次），直到一次连续跳 30 分钟。一次跳半小时的运动量相当于慢跑 90 分钟。

剧烈运动后不要立刻停止，应继续以比较慢的速度运动一段时间，让血液循环恢复正常后，再停下来；随后要做一些伸展、牵拉的动作，才算是真正结束运动。

5 臀部拉伸练习

（1）自然站立，双脚微微分开，屈膝，抬一侧腿的同时双手抱住该侧腿的膝关节。（图 5-26）

（2）双手抱膝斜向对侧肩膀用力拉伸，略作停顿后落腿回站立位，然后做另一侧腿的拉伸。

5-26

提示：臀部有明显拉伸感，保持单脚站立拉伸时的平衡。每侧持续 15~20 秒，两侧各做 1 次为 1 组，组间间隔 30~60 秒，每次练习 2~3 组，每周练习 2~3 次。

要点：自然呼吸，不要憋气；抱膝斜向对侧肩膀用力，保持微收腹。

同类动作练习示例：

（1）侧跨坐臀部拉伸练习。坐在瑜伽垫上，左（右）腿伸直在后，右（左）腿屈膝在身前，双手扶地，保持身体、骨盆正对前方，尽可能下压臀部，左（右）侧大腿前侧贴近地面，上半身挺直。（图 5-27、图 5-28）

5-27

5-28

（2）坐姿臀部拉伸练习。坐位，右（左）腿放在左（右）腿膝关节上方，腰背部收紧，上半身前倾，右手微用力，向下压右（左）腿膝关节，达到一个可以承受的拉伸幅度，保持 10 秒。（图 5-29、图 5-30）

（3）坐姿扭转臀部拉伸练习。坐在瑜伽垫上，左（右）腿伸直，右（左）腿弯曲跨过左（右）腿，放在左腿膝关节外侧，右（左）手肘搭住右（左）膝关节，左（右）手撑地保持平衡，身体尽力向左（右）侧扭转，保持 10 秒。（图 5-31）

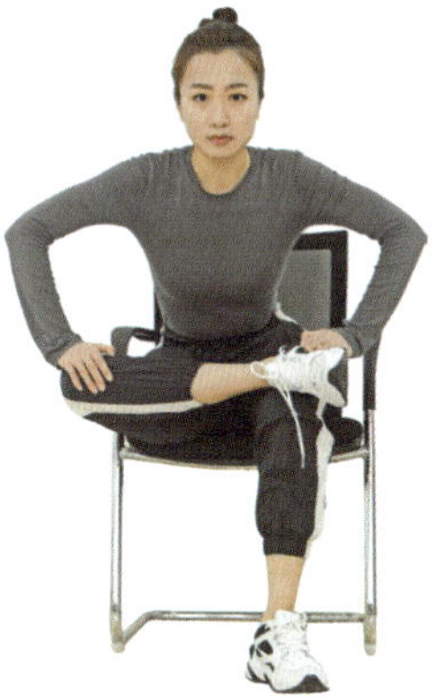

5-29

5-30

5-31

6 大腿前侧拉伸练习

（1）自然站立，勾起左（右）脚，左（右）手握住左（右）脚脚踝，收紧腹部。（图 5-32）

（2）左（右）手发力向上拉，髋部向前顶，直至左（右）腿大腿前侧有明显牵拉感，保持 3~5 秒。

5-32

提示：大腿前侧有明显的牵拉感，保持单脚站立拉伸时的平衡；每侧练习 15~20 秒，两侧各做 1 次为 1 组，组间间隔 30~60 秒，每次练习 2~3 组，每周练习 2~3 次。

要点：自然呼吸，不要憋气；绷紧腹部，向前顶髋。

同类动作练习示例：

（1）跪姿大腿前侧拉伸练习。左弓步，小腿尽量垂直于地面；右（左）腿屈膝向后跪于垫上，尽可能拉大左（右）脚与右（左）膝的距离，左（右）手拉住右（左）脚背，右（左）手扶在垫上，身体前倾并向左扭转，眼睛向后看，保持静止，感受右（左）腿大腿根部的拉伸感。（图 5-33、图 5-34）

5-33

5-34

（2）仰卧大腿前侧拉伸练习。跪在瑜伽垫上，用双手握住脚跟，将臀部向上、向前抬起，同时头部向后仰，看向天花板，背部呈一个拱形。（图 5–35）

5–35

（3）髂腰肌拉伸练习。左（右）弓步，双手扶于左（右）侧膝关节上，上体直立，身体向左（右）侧扭转，保持静止，感受髂腰肌的拉伸感。（图 5–36）

5–36

7 大腿后侧拉伸练习

双脚开立稍宽于肩，脚尖朝前，向前俯身，俯身时尽可能腰背挺直，双手缓慢向一侧脚摸去（图 5–37），保持 15~20 秒。左右交替进行。

5–37

提示：膝关节伸直，大腿后侧有明显牵拉感；每侧练习 15~20 秒，两侧各做 1 次为 1 组，组间间隔 30~60 秒，每次练习 2~3 组，每周练习 2~3 次。

要点：自然呼吸。在保持腰背平直的情况下，双手尽量向下触碰。

同类动作练习示例：

（1）坐姿大腿后侧拉伸练习。坐位，左（右）腿伸直，腰背挺直，向前俯身，双手触摸左（右）腿，感受左（右）腿后侧的牵拉感，脚尖可以处于放松姿势，但勾起或绷直时腿的牵拉感会更加强烈。（图 5–38）

5–38

（2）仰卧大腿后侧拉伸练习。仰卧在瑜伽垫上，右（左）腿向上伸直，手扶住膝关节后侧，脚尖处于放松姿态，不可绷直或勾起，左（右）腿完全放松。（图5–39）

5–39

8 大腿内侧拉伸练习

（1）以右侧为例。双脚打开约 2 倍肩宽，脚尖朝向斜前方，重心在左腿上，下蹲至右腿完全伸直，背部挺直，俯身，伸直的大腿内侧朝向地面。

（2）右手缓缓向右脚伸去，双脚脚跟不要离地。（图 5–40）

5–40

提示：大腿内侧有牵拉感，脚跟不离地；每侧练习 15~20 秒，两侧各练习 1 次为 1 组，组间间隔 30~60 秒，每次练习 2~3 组，每周练习 2~3 次。

要点：自然呼吸。每侧动作做完略有停顿，感受大腿内侧的牵拉感。

同类动作练习示例：

坐姿大腿内侧拉伸练习。坐在瑜伽垫上，双脚脚跟贴紧，双手抱住双脚，身体向前倾，背部挺直，不要低头，双膝主动向地面靠近。（图 5–41）

5–41

9 小腿后侧拉伸练习

（1）面向墙壁，屈肘扶墙，左（右）腿在前成弓步，右（左）腿后撤伸直，右（左）脚脚跟踩地。（图 5-42）

（2）臂部下沉，感受右（左）小腿后侧的牵拉感。

5-42

提示：小腿后侧有明显牵拉感，脚跟着地的同时膝关节伸直；每侧练习 15~20 秒，两侧各练习 1 次为 1 组，组间间隔 30~60 秒，每次练习 2~3 组，每周练习 2~3 次。

要点：自然呼吸，不要憋气；弓步越深牵拉感越强，但是后脚脚跟不要离地。

同类动作练习示例：

靠墙小腿后侧拉伸练习。面向墙壁，屈肘扶墙，右脚前脚掌踩墙高度在 5~10 厘米，同时右腿膝关节伸直，身体重心向前靠，感受右小腿后侧的牵拉感（图 5-43）。左右两侧交替进行。

5-43

10 泡沫轴腿部练习

（1）左（右）手撑地，右（左）腿屈曲膝踩实地面，左（右）腿搭在右（左）膝上，上身稍微转向左（右）侧，体重压在左（右）侧臀部，泡沫轴置于臀部中间。（图 5-44）

（2）右（左）腿发力带动身体在泡沫轴上前后滚动。

5-44

提示：臀部深层有明显但能承受的疼痛感，在滚动中寻找痛点；每侧练习 15~20 秒，两侧各练习 1 次为 1 组，组间间隔 30~60 秒，每次练习 2~3 组，每周练习 2~3 次。

要点：自然呼吸。当疼痛感过于强烈时，可以用支撑手分担一部分体重。

同类动作练习示例：

（1）泡沫轴大腿前侧放松练习。俯卧，双肘撑在瑜伽垫上，身体与地面保持平行，泡沫轴置于大腿前侧下半部，用双肩的力量推动身体在泡沫轴上前后运动。（图 5-45、图 5-46）

5-45

5-46

（2）泡沫轴大腿后侧放松练习。仰卧在泡沫轴上，双手于身后，轻轻扶地，泡沫轴充分接触大腿后侧肌肉，用双肩的力量推动身体在泡沫轴上前后运动，双脚脚后跟始终离地。（图 5–47）

5–47

（3）泡沫轴小腿前侧放松练习。俯卧，双肘撑于瑜伽垫上，身体与地面保持平行，泡沫轴置于小腿下，将身体的重量压在小腿上，脚尖朝内，让泡沫轴充分接触小腿外侧肌肉，用双肩的力量推动身体在泡沫轴上前后运动。（图 5–48）

5–48

（4）泡沫轴小腿后侧放松练习。仰卧在泡沫轴上，双手置于身后，轻轻扶地，臀部离地，泡沫轴充分接触小腿后侧肌肉，来回滚动，找到小腿的痛点，滚动泡沫轴刺激痛点。（图 5–49）

5–49

自我评估

亲爱的同学们，学习完锻炼下肢的方法来做一下自我评估吧！根据自己的感受如实回答下面五个问题。

1. 你有坚持完整做完每个动作吗?

是□ 否□

2. 你能够不间断做完所有练习吗?

是□ 否□

3. 做完练习后，你的下肢肌肉有感觉吗?

是□ 否□

4. 本次练习完成后，今后你能继续保持练习吗?

是□ 否□

5. 你感觉自己的动作标准吗?

是□ 否□

“是”为 20 分，“否”为 0 分，你的得分是多少?